The Twilight Pianist and Other Stories: Bilingual French-English Short Stories

Coledown Bilingual Books

Published by Coledown Bilingual Books, 2023.

While every precaution has been taken in the preparation of this book, the publisher assumes no responsibility for errors or omissions, or for damages resulting from the use of the information contained herein.

THE TWILIGHT PIANIST AND OTHER STORIES: BILINGUAL FRENCH-ENGLISH SHORT STORIES

First edition. September 19, 2023.

Copyright © 2023 Coledown Bilingual Books.

ISBN: 979-8223734543

Written by Coledown Bilingual Books.

Table of Contents

Les Secrets de la Rue des Mélodies

Au cœur de la ville de Paris, entre les rues animées et les cafés remplis de vie, se trouvait une petite rue cachée, la Rue des Mélodies. Elle était connue de peu de gens, un trésor caché de la ville, où les notes de musique étaient aussi importantes que les mots.

La Rue des Mélodies était bordée de petites boutiques de musique, de librairies de partitions et de cafés intimes. C'était un endroit où les artistes venaient chercher l'inspiration, où les mélomanes se retrouvaient pour discuter de leurs morceaux préférés, et où chaque coin de rue semblait raconter une histoire musicale différente.

Au numéro 17 de la Rue des Mélodies se trouvait la boutique de Monsieur Marcel, un homme au visage bienveillant et aux cheveux argentés. Sa boutique était un trésor pour les amateurs de musique, un lieu où l'on pouvait trouver des instruments rares, des partitions anciennes et des disques vinyles introuvables ailleurs.

Mais ce qui rendait la boutique de Monsieur Marcel vraiment spéciale, c'était sa capacité à réparer des instruments de musique. Il avait un don particulier pour ramener à la vie des violons vieillissants, des pianos délaissés et des clarinettes fatiguées. Il disait souvent : "La musique ne meurt jamais, elle attend simplement d'être réveillée."

Un jour, une jeune femme entra dans la boutique de Monsieur Marcel. Elle s'appelait Amélie, une violoniste talentueuse qui avait étudié la musique classique au conservatoire de Paris. Son violon, un instrument antique transmis de génération en génération, avait commencé à montrer des signes de vieillissement. Les notes ne résonnaient plus aussi clairement qu'auparavant, et Amélie craignait que son violon bien-aimé ne perde sa voix.

Monsieur Marcel observa attentivement le violon, caressant doucement sa surface vieillie. Il ferma les yeux un instant, comme s'il écoutait la musique cachée à l'intérieur. Puis il sourit à Amélie. "Votre violon a encore beaucoup de musique en lui, mademoiselle. Laissez-moi lui redonner vie."

Amélie acquiesça avec gratitude et laissa son violon entre les mains expertes de Monsieur Marcel. Pendant des semaines, il travailla avec diligence, remplaçant les pièces usées, ajustant les cordes, et réparant chaque petite imperfection. Il savait que ce violon avait une histoire, une histoire qui avait besoin d'être entendue.

Enfin, le jour arriva où Monsieur Marcel rendit le violon à Amélie. Elle s'assit dans un coin tranquille de la boutique, prête à jouer. Lorsque les premières notes jaillirent du violon, Amélie fut stupéfaite. La musique était plus belle que jamais, chaque note avait une profondeur et une émotion qu'elle n'avait jamais connues auparavant.

Elle joua une mélodie qui semblait capturer l'âme de Paris elle-même, une mélodie qui résonnait dans les rues pavées et les toits en tuiles. Les clients de la boutique se rassemblèrent pour écouter, et un silence respectueux enveloppa la Rue des Mélodies.

Quand Amélie eut fini de jouer, les applaudissements éclatèrent. Les larmes brillaient dans les yeux de certains, et Monsieur Marcel était là, un sourire de satisfaction sur son visage.

"Mademoiselle Amélie," dit-il doucement, "votre violon a enfin pu raconter son histoire, une histoire qui a touché nos cœurs."

Amélie remercia Monsieur Marcel du fond du cœur. Elle savait qu'elle avait retrouvé son instrument, mais elle avait aussi trouvé quelque chose d'autre dans cette petite boutique de la Rue des Mélodies. Elle avait trouvé une communauté de mélomanes passionnés, des âmes qui croyaient en la puissance de la musique pour unir les gens et raconter des histoires qui transcendaient les mots.

Les semaines passèrent, et Amélie continua à fréquenter la Rue des Mélodies. Elle jouait régulièrement dans la boutique de Monsieur Marcel, partageant sa musique avec les habitués et les visiteurs. La rue elle-même semblait prendre vie avec chaque note de son violon.

Un jour, alors qu'elle était assise dans la boutique, un homme étranger entra. Il était vêtu d'un manteau sombre et portait un étui à violon. Son visage était marqué par les années, et ses yeux semblaient porter le poids du temps.

Il s'approcha d'Amélie et de son violon. "Mademoiselle," dit-il d'une voix douce, "je viens de loin pour entendre votre musique.

Je possède un violon, un violon qui a une histoire riche, mais qui a perdu sa voix. Puis-je vous demander de le jouer ?"

Amélie hocha la tête et accepta le violon. Elle commença à jouer, et une mélodie douce et mélancolique emplit la boutique. Les clients se rassemblèrent, captivés par la musique. Même Monsieur Marcel écoutait attentivement, ses yeux brillants d'émotion.

Lorsque la mélodie se termina, l'homme étranger avait les larmes aux yeux. "Merci, mademoiselle, merci d'avoir redonné la voix à mon violon. Il a retrouvé son âme grâce à votre musique."

Il se retira doucement, laissant Amélie et les autres dans un état de contemplation. La musique avait un pouvoir mystérieux, celui de guérir les âmes et de faire revivre les histoires oubliées.

La Rue des Mélodies continua à être un lieu de passion musicale, où les mélomanes se rassemblaient pour écouter, jouer et partager leur amour pour la musique. Les notes résonnaient dans l'air, tissant une toile de mélodies qui unissaient les cœurs des habitants de la rue.

Monsieur Marcel continua à réparer les instruments et à redonner vie à la musique oubliée. Il savait que la musique était une force puissante, une force qui pouvait transcender le temps et l'espace.

Et ainsi, la Rue des Mélodies demeura un trésor caché de Paris, un endroit où les notes étaient aussi précieuses que les mots, et où chaque coin de rue semblait raconter une histoire musicale différente.

The Secrets of Melody Street

In the heart of the city of Paris, amidst bustling streets and lively cafés, there existed a hidden alley, Melody Street. Known to few, it was a hidden treasure of the city, where musical notes were as important as words.

Melody Street was lined with small music shops, sheet music stores, and intimate cafés. It was a place where artists sought inspiration, where music enthusiasts gathered to discuss their favorite pieces, and where every corner seemed to tell a different musical story.

At number 17 Melody Street stood Mr. Marcel's shop, a man with a benevolent face and silver hair. His shop was a treasure trove for music lovers, a place where one could find rare instruments, ancient sheet music, and vinyl records that could not be found elsewhere.

But what made Mr. Marcel's shop truly special was his ability to repair musical instruments. He had a particular gift for reviving aging violins, neglected pianos, and tired clarinets. He often said, "Music never dies; it simply waits to be awakened."

One day, a young woman entered Mr. Marcel's shop. Her name was Amélie, a talented violinist who had studied classical music at the Paris Conservatory. Her violin, an antique instrument passed down through generations, had begun to show signs of aging. The notes no longer resonated as clearly as before, and Amélie feared her beloved violin might lose its voice.

Mr. Marcel carefully examined the violin, gently caressing its weathered surface. He closed his eyes for a moment, as though he were listening to the hidden music within. Then he smiled at Amélie. "Your violin still has plenty of music in it, Mademoiselle. Allow me to breathe new life into it."

Gratefully, Amélie left her violin in Mr. Marcel's capable hands. For weeks, he worked diligently, replacing worn-out parts, adjusting strings, and repairing every tiny imperfection. He knew that this violin had a history, a story that needed to be heard.

Finally, the day came when Mr. Marcel returned the violin to Amélie. She sat in a quiet corner of the shop, ready to play. When the first notes emerged from the violin, Amélie was stunned. The music was more beautiful than ever, each note had a depth and emotion she had never known before.

She played a melody that seemed to capture the soul of Paris itself, a melody that resonated through the cobblestone streets and tiled rooftops. The shop's customers gathered to listen, and a hushed reverence enveloped Melody Street.

When Amélie finished playing, applause erupted. Some had tears in their eyes, and Mr. Marcel stood there with a satisfied smile.

"Mademoiselle Amélie," he said gently, "your violin has finally been able to tell its story, a story that touched our hearts."

Amélie thanked Mr. Marcel from the bottom of her heart. She knew she had regained her instrument, but she had also found something else in that little shop on Melody Street. She had found a community of passionate music lovers, souls who believed in the power of music to unite people and tell stories that transcended words.

Weeks turned into months, and Amélie continued to frequent Melody Street. She played regularly in Mr. Marcel's shop, sharing her music with regulars and visitors alike. The street itself seemed to come alive with every note from her violin.

One day, as she sat in the shop, a stranger entered. He was dressed in a dark coat and carried a violin case. His face bore the marks of years, and his eyes seemed to carry the weight of time.

He approached Amélie and her violin. "Mademoiselle," he said in a soft voice, "I have come from afar to hear your music. I own a violin, a violin with a rich history, but it has lost its voice. May I ask you to play it?"

Amélie nodded and accepted the violin. She began to play, and a sweet, melancholic melody filled the shop. Customers gathered, captivated by the music. Even Mr. Marcel listened intently, his eyes shining with emotion.

When the melody ended, the stranger had tears in his eyes. "Thank you, Mademoiselle, thank you for giving my violin its voice back. It has found its soul through your music."

He retreated quietly, leaving Amélie and the others in contemplation. Music had a mysterious power, one that could heal souls and bring forgotten stories back to life.

Melody Street continued to be a place of musical passion, where music lovers gathered to listen, play, and share their love for music. Notes resounded in the air, weaving a tapestry of melodies that united the hearts of the street's inhabitants.

Mr. Marcel continued to repair instruments and revive forgotten music. He knew that music was a powerful force, one that could transcend time and space.

And so, Melody Street remained a hidden treasure of Paris, a place where notes were as precious as words, and where every corner seemed to tell a different musical story.

L'Écrivain de la Librairie

———

Dans un coin tranquille de la vieille ville, entre les rues pavées et les maisons en pierre, se trouvait une petite librairie nommée "Le Coin des Mots." Le propriétaire, un homme nommé Henri, était un écrivain passionné. Sa librairie était plus qu'un endroit pour acheter des livres ; c'était un havre pour les âmes en quête d'histoires et d'inspiration.

Chaque matin, Henri ouvrait les portes de sa librairie avec un sourire accueillant. Il connaissait chaque livre dans ses rayons, chaque histoire inscrite sur les étagères. Il avait le don de recommander le livre parfait pour chaque personne qui franchissait le seuil de sa boutique.

Un jour, une jeune femme du nom d'Adeline entra dans "Le Coin des Mots." Elle était écrivaine en herbe, cherchant désespérément l'inspiration pour son premier roman. Adeline erra dans les allées, laissant ses doigts glisser sur les couvertures usées.

Henri, remarquant son air perdu, s'approcha d'elle. Ils se mirent à parler des livres qu'elle aimait, des histoires qui l'avaient inspirée. Henri avait l'art de dévoiler les désirs littéraires les plus profonds de chacun. Il lui recommanda un vieux livre, un trésor oublié depuis longtemps.

Adeline acheta le livre et commença à le lire. Elle fut immédiatement captivée par l'histoire, par la façon dont les mots s'entrelaçaient pour créer des mondes imaginaires. Elle retourna chez elle et commença à écrire son propre roman, inspirée par l'art d'Henri de tisser des mots en magie.

Chaque jour, elle revenait à la librairie pour discuter de son travail avec Henri. Il l'encourageait, lui offrait des conseils précieux et partageait son amour pour les livres. Le lien entre eux grandissait, une amitié forgée à travers les mots.

Le roman d'Adeline fut bientôt achevé et publié. Il devint un succès, touchant les cœurs de nombreux lecteurs. Adeline était reconnaissante envers Henri pour l'inspiration et le soutien qu'il lui avait offerts. Elle réalisa que "Le Coin des Mots" était bien plus qu'une librairie ; c'était un sanctuaire de créativité et de communion littéraire.

Les années passèrent, et "Le Coin des Mots" continua d'être un lieu de rencontre pour les amoureux des livres et des mots. Henri continua d'aider les écrivains en herbe à trouver leur voix et à tisser des histoires. Sa librairie était un trésor caché dans la vieille ville, un endroit où les mots prenaient vie et où les rêves prenaient forme.

Et ainsi, l'histoire de l'écrivain de la librairie fut écrite dans les pages des vies qu'il avait touchées, une histoire de passion, d'inspiration et de mots qui transcendaient le temps.

The Writer of the Bookstore

In a quiet corner of the old town, amidst the cobblestone streets and stone houses, there was a small bookstore named "The Corner of Words." The owner, a man named Henri, was a passionate writer. His bookstore was more than a place to buy books; it was a sanctuary for souls seeking stories and inspiration.

Every morning, Henri would open the doors of his bookstore with a welcoming smile. He knew every book on his shelves, every story etched into the pages. He had the gift of recommending the perfect book for every person who stepped into his shop.

One day, a young woman named Adeline entered "The Corner of Words." She was an aspiring writer, desperately searching for inspiration for her first novel. Adeline wandered through the aisles, letting her fingers glide over the worn book covers.

Henri, noticing her lost look, approached her. They began to talk about the books she loved, the stories that had inspired her. Henri had the art of unveiling the deepest literary desires in everyone. He recommended an old book, a long-forgotten treasure.

Adeline bought the book and started reading it. She was immediately captivated by the story, by the way words intertwined to create imaginary worlds. She returned home and began to write her own novel, inspired by Henri's skill of weaving words into magic.

Every day, she came back to the bookstore to discuss her work with Henri. He encouraged her, offered valuable advice, and shared his love for books. The bond between them grew, a friendship forged through words.

Adeline's novel was soon completed and published. It became a success, touching the hearts of many readers. Adeline was grateful to Henri for the inspiration and support he had given her. She realized that "The Corner of Words" was much more than a bookstore; it was a sanctuary of creativity and literary communion.

Years passed, and "The Corner of Words" continued to be a meeting place for book lovers and wordsmiths. Henri continued to help budding writers find their voice and weave stories. His bookstore was a hidden treasure in the old town, a place where words came to life, and dreams took shape.

And so, the story of the bookstore writer was written in the pages of the lives he had touched, a tale of passion, inspiration, and words that transcended time.

Le Pianiste du Crépuscule

Dans une petite ville au bord de la Seine, il y avait un pianiste nommé Étienne. Il était un homme tranquille, aimant les moments de calme où il pouvait laisser ses doigts danser sur les touches de son piano. Son préféré était un piano à queue hérité de son grand-père, vieux et légèrement usé, mais rempli de souvenirs musicaux.

Étienne avait un talent particulier pour jouer de la musique au crépuscule. Chaque soir, il s'asseyait près de la fenêtre de sa petite maison en bois, laissant les derniers rayons du soleil baigner la pièce d'une lumière dorée. Il commençait à jouer doucement, créant des mélodies qui semblaient fusionner avec les couleurs changeantes du ciel.

Les habitants de la ville se rassemblaient souvent près de la fenêtre d'Étienne pour écouter sa musique. Ses compositions au crépuscule avaient le pouvoir de les transporter dans un autre monde, un monde où le temps était suspendu, et où l'âme pouvait s'évader.

Un jour, une jeune femme nommée Isabelle entra dans la vie d'Étienne. Elle était nouvelle en ville et avait entendu parler du pianiste du crépuscule. Intriguée, elle suivit la mélodie jusqu'à la maison d'Étienne. Quand il ouvrit la porte, leurs regards se croisèrent, et il y eut une connexion instantanée.

Isabelle devint une habituée de la musique d'Étienne au crépuscule. Elle se tenait silencieusement près du piano, ses yeux se perdant dans les nuances changeantes du ciel tandis qu'Étienne jouait. Chaque note était une histoire, chaque mélodie une émotion pure.

Le temps passa, et leur amitié se transforma en amour. Ils partageaient non seulement la musique, mais aussi leurs rêves et leurs espoirs. Isabelle encouragea Étienne à partager sa musique avec le monde, à ne pas la garder cachée derrière sa fenêtre.

Un soir, Étienne accepta l'invitation d'Isabelle à jouer au parc de la ville, au coucher du soleil. Les habitants se rassemblèrent, et il commença à jouer. La musique s'éleva dans l'air, mélangeant les mélodies du piano avec les couleurs chaudes du ciel couchant.

Ce fut un moment magique, où la musique du crépuscule se fondit avec le crépuscule lui-même. Les étoiles apparurent lentement dans le ciel, et les notes d'Étienne semblaient les guider dans leur danse nocturne.

Étienne et Isabelle continuèrent de jouer ensemble au crépuscule, partageant leur amour pour la musique et l'harmonie du ciel. Leur musique devint un trésor pour la ville, une symphonie d'amour et de créativité qui rappelait à tous la beauté des moments simples et du pouvoir de la musique pour réunir les âmes.

The Twilight Pianist

In a small town by the Seine, there was a pianist named Étienne. He was a quiet man, loving the moments of calm when he could let his fingers dance on the keys of his piano. His favorite was a grand piano inherited from his grandfather, old and slightly worn but filled with musical memories.

Étienne had a special talent for playing music at twilight. Every evening, he would sit near the window of his small wooden house, letting the last rays of the sun bathe the room in golden light. He would start playing softly, creating melodies that seemed to merge with the changing colors of the sky.

The townspeople often gathered near Étienne's window to listen to his music. His twilight compositions had the power to transport them to another world, a world where time stood still, and where the soul could escape.

One day, a young woman named Isabelle entered Étienne's life. She was new in town and had heard of the twilight pianist. Intrigued, she followed the melody to Étienne's house. When he opened the door, their eyes met, and there was an instant connection.

Isabelle became a regular listener of Étienne's twilight music. She would stand silently near the piano, her eyes losing themselves in the changing shades of the sky as Étienne played. Each note was a story, each melody a pure emotion.

Time passed, and their friendship turned into love. They shared not only music but also their dreams and hopes. Isabelle encouraged Étienne to share his music with the world, not to keep it hidden behind his window.

One evening, Étienne accepted Isabelle's invitation to play at the town park at sunset. The townspeople gathered, and he began to play. The music rose in the air, blending the piano's melodies with the warm colors of the setting sun.

It was a magical moment, where twilight music merged with twilight itself. Stars slowly appeared in the sky, and Étienne's notes seemed to guide them in their nocturnal dance.

Étienne and Isabelle continued to play together at twilight, sharing their love for music and the harmony of the evening sky. Their music became a treasure for the town, a symphony of love and creativity that reminded everyone of the beauty of simple moments and the power of music to bring souls together.

L'Expédition des Cimes Éternelles

———

Au cœur des majestueuses Alpes françaises, une petite communauté de montagnards vivait paisiblement au pied des sommets enneigés. Parmi eux se trouvait Isabelle, une jeune femme passionnée par la montagne depuis son enfance. Chaque jour, elle regardait les cimes enneigées en rêvant de les conquérir.

Un jour, un vieux grimpeur légendaire, Pierre, revint au village après de longues années d'exploration. Il apportait des récits de sommets inexplorés, de grottes cachées et de mystères enfouis dans les profondeurs des Alpes. L'appel des montagnes fut ravivé dans le cœur d'Isabelle.

Isabelle décida de suivre la voie de Pierre et devenir une alpiniste intrépide. Elle se forma auprès de Pierre, apprenant les techniques d'escalade, la navigation en montagne, et la survie en haute altitude. Pierre la guida à travers des sentiers escarpés, des falaises abruptes, et des forêts touffues.

Leur quête les mena à la découverte de grottes secrètes, de lacs alpins cristallins, et de panoramas à couper le souffle. Isabelle réalisa que les Alpes recelaient des trésors naturels et des défis incommensurables.

Un jour, tandis qu'ils escaladaient une montagne escarpée, Isabelle et Pierre découvrirent une caverne cachée au sommet. À l'intérieur de la caverne, ils trouvèrent des inscriptions anciennes et des objets mystiques. La caverne semblait être un lieu de culte oublié depuis des siècles.

Pierre et Isabelle décidèrent de poursuivre leur exploration à l'intérieur de la caverne, cherchant à percer ses secrets. Ils découvrirent des passages étroits, des chutes d'eau souterraines, et des vestiges d'une civilisation oubliée.

Leur exploration de la caverne se transforma en une série d'épreuves physiques et mentales. Ils durent surmonter des obstacles naturels, résoudre des énigmes anciennes, et faire face à l'obscurité totale des profondeurs de la montagne.

Chaque épreuve renforçait leur détermination et les rapprochait de la vérité cachée dans les entrailles des Alpes. Isabelle prouva sa valeur en tant qu'alpiniste intrépide et Pierre partagea avec elle son savoir ancestral sur les mystères de la montagne.

Au plus profond de la caverne, Isabelle et Pierre découvrirent un trésor inestimable : une collection d'artefacts anciens et de manuscrits décrivant les légendes et les coutumes des habitants des Alpes depuis des générations.

Ils réalisèrent que leur quête avait été bien plus qu'une simple aventure. Ils avaient découvert l'histoire et la culture des montagnes, un héritage vivant au cœur des Alpes. Isabelle décida de partager leurs découvertes avec le monde, pour que tous puissent comprendre l'importance de préserver ces trésors naturels.

Ainsi, l'expédition des cimes éternelles devint une légende, rappelant que la beauté des Alpes était bien plus que des sommets enneigés, c'était une histoire vivante de courage, de découverte et de respect pour la nature. Et Isabelle, devenue une gardienne des montagnes, continua son voyage, prête à affronter de nouveaux défis et à percer de nouveaux mystères dans les profondeurs des Alpes.

The Expedition of the Eternal Peaks

In the heart of the majestic French Alps, a small community of mountaineers lived peacefully at the foot of snow-capped peaks. Among them was Isabelle, a young woman who had been passionate about the mountains since her childhood. Every day, she gazed at the snow-covered summits, dreaming of conquering them.

One day, a legendary climber named Pierre returned to the village after many years of exploration. He brought tales of unexplored summits, hidden caves, and mysteries buried deep within the Alps. The call of the mountains was reignited in Isabelle's heart.

Isabelle decided to follow in Pierre's footsteps and become a fearless mountaineer. She trained under Pierre's guidance, learning climbing techniques, mountain navigation, and high-altitude survival. Pierre led her through steep trails, sheer cliffs, and dense forests.

Their quest led them to discover secret caves, crystal-clear alpine lakes, and breathtaking panoramas. Isabelle realized that the Alps held natural treasures and unimaginable challenges.

One day, while climbing a steep mountain, Isabelle and Pierre discovered a hidden cave at the summit. Inside the cave, they found ancient inscriptions and mystical objects. The cave seemed to be a forgotten place of worship that had remained untouched for centuries.

Pierre and Isabelle decided to continue their exploration inside the cave, seeking to uncover its secrets. They discovered narrow passages, underground waterfalls, and remnants of a forgotten civilization.

Their exploration of the cave turned into a series of physical and mental trials. They had to overcome natural obstacles, solve ancient puzzles, and confront the total darkness of the mountain's depths.

Each trial strengthened their determination and brought them closer to the hidden truth within the heart of the Alps. Isabelle proved her worth as a fearless mountaineer, and Pierre shared his ancestral knowledge of the mysteries of the mountains.

Deep within the cave, Isabelle and Pierre discovered an invaluable treasure: a collection of ancient artifacts and manuscripts describing the legends and customs of the Alpine inhabitants for generations.

They realized that their quest had been much more than a mere adventure. They had uncovered the history and culture of the mountains, a living legacy at the heart of the Alps. Isabelle decided to share their discoveries with the world so that everyone could understand the importance of preserving these natural treasures.

Thus, the expedition of the eternal peaks became a legend, reminding everyone that the beauty of the Alps was much more than snow-covered summits; it was a living story of courage, discovery, and respect for nature. And Isabelle, now a guardian of the mountains, continued her journey, ready to face new challenges and uncover new mysteries in the depths of the Alps.

L'Énigme du Musée du Louvre

Paris, la Ville Lumière, était le lieu parfait pour une aventure mystérieuse. Au cœur de cette métropole animée se dressait le majestueux Musée du Louvre, un trésor de l'art et de l'histoire mondiale. C'est là que notre histoire commence.

Alexandre Dupont, un jeune étudiant en histoire de l'art, avait décroché un stage prestigieux au Louvre. C'était une opportunité incroyable pour lui, car il avait toujours été fasciné par les œuvres d'art et les mystères qui les entouraient.

Pendant son premier jour au musée, il fut présenté à son mentor, le conservateur en chef, Madame Simone Lefèvre. C'était une femme d'une grande élégance, mais elle semblait porter un lourd secret dans son regard.

Alors qu'Alexandre s'acclimatait à son nouvel environnement, un événement choquant secoua le Louvre. La Joconde, le chef-d'œuvre de Léonard de Vinci, avait été volée en plein jour. La nouvelle fit les gros titres des journaux du monde entier.

Madame Lefèvre semblait profondément troublée par le vol, mais elle exigea que la vie au musée continue comme d'habitude. Alexandre, curieux de nature, décida de mener sa propre enquête discrète pour résoudre le mystère du vol de la Joconde.

Le jeune étudiant commença par examiner la salle où la Joconde avait été exposée pour la dernière fois. Il y découvrit un indice intrigant : une empreinte de pas sur le rebord de la fenêtre, où le voleur avait probablement pénétré.

Alexandre fouilla discrètement les archives du musée et trouva un vieux plan des tunnels souterrains qui parcouraient le Louvre. Il en conclut que le voleur avait utilisé ces tunnels pour échapper à la vigilance des gardiens.

Chaque indice qu'Alexandre découvrait le rapprochait du mystère du vol de la Joconde, mais il savait qu'il devait être prudent, car les secrets du Louvre étaient sombres et profonds.

Alors qu'Alexandre poursuivait son enquête, il fit la rencontre d'une jeune femme mystérieuse du nom de Camille. Elle travaillait au musée en tant que restauratrice d'art, mais elle semblait en savoir beaucoup plus sur le vol de la Joconde qu'elle ne le laissait paraître.

Camille révéla à Alexandre l'existence d'un groupe secret appelé "Le Cercle des Conspirateurs." Ce groupe prétendait détenir des informations sur le vol de la Joconde et sur d'autres trésors volés au fil des siècles.

Les membres du Cercle croyaient que ces œuvres d'art avaient été volées pour être protégées d'une menace encore plus grande. Ils pensaient que le Louvre lui-même cachait des secrets anciens, des secrets qui pouvaient changer le cours de l'histoire.

Alexandre et Camille décidèrent de s'allier pour résoudre le mystère du vol de la Joconde et pour percer les secrets du Louvre. Leurs recherches les menèrent dans les profondeurs des tunnels souterrains du musée, où ils découvrirent un passage secret qui les conduisit à une chambre secrète.

Dans cette chambre, ils trouvèrent un journal ancien qui appartenait à un conservateur du Louvre du 19e siècle. Le journal contenait des notes cryptiques sur la Joconde et d'autres œuvres célèbres du musée.

Alexandre et Camille commencèrent à reconstituer le puzzle de l'histoire du musée et de ses trésors cachés. Ils réalisèrent que le Louvre avait été le gardien de secrets depuis des siècles, et que le vol de la Joconde n'était qu'un chapitre d'une histoire beaucoup plus vaste.

Alors qu'ils poursuivaient leur enquête, Alexandre et Camille découvrirent un passage secret qui les conduisit à une salle souterraine oubliée depuis des générations. À l'intérieur de cette salle se trouvaient des œuvres d'art volées, y compris la Joconde.

Ils furent surpris de découvrir que la Joconde avait été volée par un groupe d'artistes du 19e siècle qui avaient juré de la protéger des guerres et des conflits qui déchiraient l'Europe à l'époque. Ils l'avaient cachée sous le Louvre pour la préserver.

Alexandre et Camille révélèrent leur découverte au monde, et la Joconde fut finalement restituée au musée. Madame Lefèvre avoua qu'elle avait connu l'histoire secrète de la Joconde depuis des années, mais elle avait voulu protéger le trésor du musée à tout prix.

L'enquête d'Alexandre et de Camille avait révélé les mystères profonds du Louvre et de son passé tumultueux. Ils avaient découvert que le musée avait servi de refuge pour des trésors artistiques pendant des siècles, cachés pour les protéger des ravages du temps et de la cupidité des hommes.

Le musée du Louvre, qui avait été le lieu du vol de la Joconde, était aussi un gardien de trésors et de secrets qui avaient façonné l'histoire de l'art. Alexandre et Camille avaient résolu l'énigme du vol, mais le mystère du Louvre resterait à jamais dans les méandres de ses couloirs sombres et de ses salles majestueuses.

L'histoire d'Alexandre et de Camille devint une légende, rappelant à tous que même les lieux les plus célèbres pouvaient cacher des secrets profonds et des trésors cachés. Paris, la Ville Lumière, continuait à briller de mystère et d'intrigue, prête à révéler ses secrets à ceux qui étaient prêts à chercher au-delà des apparences.

The Enigma of the Louvre Museum

Paris, the City of Light, was the perfect setting for a mysterious adventure. At the heart of this bustling metropolis stood the majestic Louvre Museum, a treasure trove of world art and history. This is where our story begins.

Alexandre Dupont, a young art history student, had secured a prestigious internship at the Louvre. It was an incredible opportunity for him, as he had always been fascinated by works of art and the mysteries that surrounded them.

On his first day at the museum, he was introduced to his mentor, Chief Curator Madame Simone Lefèvre. She was a woman of great elegance, but she seemed to carry a heavy secret in her gaze.

As Alexandre adjusted to his new environment, a shocking event rocked the Louvre. The Mona Lisa, Leonardo da Vinci's masterpiece, had been stolen in broad daylight. The news made headlines worldwide.

Madame Lefèvre appeared deeply troubled by the theft but insisted that life at the museum should continue as usual. Alexandre, naturally curious, decided to conduct his discreet investigation to unravel the mystery of the Mona Lisa's theft.

The young student began by examining the room where the Mona Lisa had last been displayed. There, he discovered an intriguing clue: a footprint on the windowsill, where the thief had likely entered.

Alexandre discreetly searched the museum's archives and found an old plan of the underground tunnels that ran beneath the Louvre. He concluded that the thief had used these tunnels to elude the guards.

Every clue Alexandre uncovered brought him closer to the mystery of the Mona Lisa's theft, but he knew he had to be cautious, for the Louvre's secrets ran deep and dark.

As Alexandre pursued his investigation, he encountered a mysterious young woman named Camille. She worked at the museum as an art restorer, but she seemed to know much more about the Mona Lisa's theft than she let on.

Camille revealed to Alexandre the existence of a secret group called "The Circle of Conspirators." This group claimed to possess information about the theft of the Mona Lisa and other treasures stolen over the centuries.

The members of the Circle believed that these works of art had been stolen to protect them from an even greater threat. They believed that the Louvre itself harbored ancient secrets, secrets that could change the course of history.

Alexandre and Camille decided to join forces to solve the mystery of the Mona Lisa's theft and to uncover the secrets of the Louvre. Their research led them deep into the underground tunnels of the museum, where they discovered a secret passage that led to a hidden chamber.

In this chamber, they found a journal that had belonged to a Louvre curator from the 19th century. The journal contained cryptic notes about the Mona Lisa and other famous works of art in the museum.

Alexandre and Camille began piecing together the puzzle of the museum's history and its hidden treasures. They realized that the Louvre had been the guardian of secrets for centuries, and the theft of the Mona Lisa was just one chapter in a much larger story.

As they continued their investigation, Alexandre and Camille discovered a secret passage that led them to a forgotten underground chamber. Inside this chamber were stolen works of art, including the Mona Lisa.

They were surprised to learn that the Mona Lisa had been stolen by a group of 19th-century artists who had sworn to protect it from the wars and conflicts that had torn through Europe at the time. They had hidden it beneath the Louvre to preserve it.

Alexandre and Camille revealed their discovery to the world, and the Mona Lisa was finally returned to the museum. Madame Lefèvre confessed that she had known the secret history of the Mona Lisa for years but had wanted to protect the museum's treasure at all costs.

Alexandre and Camille's investigation had revealed the deep mysteries of the Louvre and its tumultuous past. They discovered that the museum had served as a refuge for artistic treasures for centuries, hidden to protect them from the ravages of time and human greed.

The Louvre Museum, which had been the site of the Mona Lisa's theft, was also a guardian of secrets that had shaped the history of art. Alexandre and Camille had solved the mystery of the theft, but the Louvre's enigma would forever remain within the twists and turns of its dark corridors and majestic halls.

The story of Alexandre and Camille became a legend, reminding everyone that even the most famous places could hide deep secrets and hidden treasures. Paris, the City of Light, continued to shine with mystery and intrigue, ready to reveal its secrets to those willing to look beyond the surface.

L'Énigme de la Villa Provençale

C'était une matinée ensoleillée à Saint-Rémy-de-Provence lorsque Claire Dupont décida de retourner dans sa ville natale après de nombreuses années passées à Paris. Elle avait toujours rêvé de posséder une petite villa en Provence, un endroit où elle pourrait échapper à l'agitation de la vie parisienne.

Claire avait finalement trouvé sa villa idéale, une charmante propriété provençale entourée de vignes et de champs de lavande. Elle avait quitté son emploi dans une grande entreprise pour réaliser son rêve de vivre dans cette région enchanteresse.

La villa de Claire était voisine d'une autre propriété, une vieille bastide provençale en pierre. Son voisin, Monsieur Pierre Dubois, était un homme d'âge mûr au charme rustique. Il possédait un petit vignoble et passait la plupart de ses journées à s'occuper de ses vignes.

Un jour, alors que Claire s'occupait de son jardin, elle fit la connaissance de Pierre. Ils se lièrent rapidement d'amitié autour d'une tasse de café sous l'ombre d'un olivier centenaire. Claire découvrit que Pierre était un homme plein d'histoires sur la Provence, ses traditions et ses mystères.

L'automne approchait, et la région de Provence était célèbre pour ses truffes précieuses. Claire et Pierre avaient entendu parler d'un marché aux truffes à proximité, où les trufficulteurs locaux vendaient leurs précieuses récoltes. Ils décidèrent d'y faire un tour pour découvrir le monde fascinant des truffes.

Le marché aux truffes était animé, avec des stands remplis de truffes noires et blanches, chacune exhalant son parfum irrésistible. Claire et Pierre étaient émerveillés par l'atmosphère et décidèrent d'acheter quelques truffes pour un dîner spécial.

Cependant, à leur retour à la villa, ils découvrirent que leurs truffes avaient disparu. Quelqu'un avait pénétré dans la cuisine et les avait volées. Claire et Pierre étaient perplexes et décidèrent de mener leur propre enquête pour résoudre ce mystère.

Claire et Pierre interrogèrent leurs voisins et découvrirent que plusieurs d'entre eux avaient également été victimes de vols de truffes. Ils soupçonnaient qu'un voleur de truffes sévissait dans la région, profitant de la saison de la récolte.

Ils décidèrent de rassembler des indices et de mener leur enquête. Claire avait acquis quelques notions d'enquête lors de son séjour à Paris, et Pierre avait une connaissance approfondie de la région. Ensemble, ils commencèrent à collecter des informations et à interroger les habitants du village.

Alors qu'ils creusaient plus profondément dans leur enquête, Claire et Pierre découvrirent des indices étranges. Les voleurs semblaient laisser derrière eux de petits objets en forme de cigale, taillés dans du bois.

Ils savaient que les cigales étaient un symbole emblématique de la Provence, mais leur signification dans cette affaire restait un mystère. Claire et Pierre se lancèrent dans une recherche pour comprendre la signification de ces cigales et leur rapport avec les vols de truffes.

Leurs recherches les conduisirent à une vieille légende provençale. Selon la légende, les cigales étaient les gardiennes des truffes et protégeaient les endroits où elles étaient cachées. Les trufficulteurs utilisaient autrefois des figurines de cigales pour marquer les emplacements des truffes dans les champs.

Claire et Pierre réalisèrent que les voleurs de truffes utilisaient ces cigales pour indiquer où ils avaient volé les précieuses truffes. Ils commencèrent à surveiller les zones où les cigales étaient laissées comme indice.

Après plusieurs semaines d'attente et de surveillance, Claire et Pierre repérèrent enfin un individu suspect qui plaçait une cigale en bois près d'une truffière. Ils le suivirent discrètement jusqu'à sa cachette.

Ils découvrirent un voleur de truffes endurci, un homme du village qui avait organisé une opération de vol de truffes avec un petit groupe de complices. Les truffes volées étaient cachées dans une grotte souterraine près de la truffière.

Claire et Pierre contactèrent les autorités locales et les informèrent de leur découverte. Une opération de police fut organisée, et les voleurs furent appréhendés alors qu'ils tentaient de vendre les truffes volées sur le marché aux truffes.

L'affaire des truffes volées fut résolue, et Claire et Pierre reçurent des éloges pour leur persévérance et leur détermination à résoudre l'énigme. Le village de Saint-Rémy-de-Provence retrouva sa tranquillité, et la saison de la truffe put se poursuivre sans crainte de vols.

Claire et Pierre continuèrent à vivre paisiblement dans leur villa provençale, désormais amis proches et complices d'une enquête inoubliable. Ils avaient découvert que même dans la quiétude de la Provence, des mystères pouvaient surgir, et ils étaient prêts à les résoudre, main dans la main.

The Mystery of the Provençal Villa

It was a sunny morning in Saint-Rémy-de-Provence when Claire Dupont decided to return to her hometown after many years in Paris. She had always dreamed of owning a small villa in Provence, a place where she could escape the hustle and bustle of city life.

Claire had finally found her ideal villa, a charming Provençal property surrounded by vineyards and lavender fields. She had left her job at a large company to fulfill her dream of living in this enchanting region.

Claire's villa was next to another property, an old Provençal stone bastide. Her neighbor, Monsieur Pierre Dubois, was a middle-aged man with rustic charm. He owned a small vineyard and spent most of his days tending to his vines.

One day, as Claire tended to her garden, she met Pierre. They quickly became friends over a cup of coffee in the shade of an ancient olive tree. Claire discovered that Pierre was a man full of stories about Provence, its traditions, and its mysteries.

Autumn was approaching, and the Provence region was famous for its precious truffles. Claire and Pierre had heard of a nearby truffle market, where local truffle growers sold their precious harvests. They decided to visit to explore the fascinating world of truffles.

The truffle market was bustling, with stands filled with black and white truffles, each exuding its irresistible aroma. Claire and Pierre were amazed by the atmosphere and decided to purchase a few truffles for a special dinner.

However, upon their return to the villa, they discovered that their truffles had vanished. Someone had broken into the kitchen and stolen them. Claire and Pierre were puzzled and decided to launch their own investigation to solve this mystery.

Claire and Pierre questioned their neighbors and learned that several of them had also fallen victim to truffle thefts. They suspected that a truffle thief was operating in the area, taking advantage of the harvest season.

They decided to gather clues and conduct their own investigation. Claire had acquired some investigative skills during her time in Paris, and Pierre had extensive knowledge of the region. Together, they began collecting information and interviewing the villagers.

As they delved deeper into their investigation, Claire and Pierre discovered strange clues. The thieves seemed to leave behind small wooden cicada-shaped objects.

They knew that cicadas were an iconic symbol of Provence, but their significance in this case remained a mystery. Claire and Pierre embarked on a quest to understand the meaning of these cicadas and their connection to the truffle thefts.

Their research led them to an old Provençal legend. According to the legend, cicadas were the guardians of truffles and protected the places where they were hidden. Truffle growers once used cicada figurines to mark the locations of truffles in the fields.

Claire and Pierre realized that truffle thieves were using these cicadas to indicate where they had stolen the precious truffles. They began monitoring the areas where cicadas were left as clues.

After several weeks of waiting and surveillance, Claire and Pierre finally spotted a suspicious individual placing a wooden cicada near a truffle grove. They discreetly followed him to his hiding place.

They discovered a seasoned truffle thief, a local villager who had organized a truffle theft operation with a small group of accomplices. The stolen truffles were hidden in an underground cave near the truffle grove.

Claire and Pierre contacted local authorities and informed them of their discovery. A police operation was organized, and the thieves were apprehended as they attempted to sell the stolen truffles at the truffle market.

The case of the stolen truffles was solved, and Claire and Pierre received praise for their perseverance and determination in solving the mystery. The village of Saint-Rémy-de-Provence regained its tranquility, and the truffle season continued without fear of thefts.

Claire and Pierre continued to live peacefully in their Provençal villa, now close friends and partners in an unforgettable investigation. They had discovered that even in the tranquility of Provence, mysteries could arise, and they were ready to solve them, hand in hand.

Les Mésaventures de Monsieur Bardin

Monsieur Bardin était un homme tout à fait ordinaire. Il n'était ni particulièrement intelligent ni particulièrement maladroit, mais il avait le don de se retrouver dans des situations étranges et comiques. Sa vie était un peu comme une série de gaffes et de quiproquos, et il était devenu la coqueluche de son quartier.

Un jour, Monsieur Bardin décida de faire du vélo pour se rendre au marché. Il enfila son casque, prit son vieux vélo du garage et s'élança sur la route. Tout se passait bien jusqu'à ce qu'il arrive à un endroit particulièrement cahoteux de la route.

Soudain, il entendit un bruit de crevaison. Il s'arrêta, descendit de son vélo et inspecta la roue arrière. Il avait bien crevé ! Monsieur Bardin se mit à chercher sa chambre à air de rechange dans son sac, mais il réalisa avec horreur qu'il l'avait oubliée à la maison.

Alors, que pouvait-il faire ? Il n'avait pas d'autre choix que de pousser son vélo jusqu'au marché, en passant devant des passants hilares qui se moquaient de sa malchance.

Un autre jour, Monsieur Bardin décida de se rendre dans son café préféré pour déguster un bon café et une délicieuse pâtisserie. Il entra, salua le serveur habituel d'un sourire chaleureux, et commanda un café.

Le serveur, cependant, sembla confus. "Un café ?" demanda-t-il, incrédule. "Mais vous avez déjà un café devant vous !" Monsieur Bardin regarda sa table et réalisa qu'il avait complètement oublié qu'il avait déjà commandé un café et qu'il était en train de boire le second.

Il éclata de rire, tout comme le serveur, et les deux hommes partagèrent un bon moment de franche rigolade devant cette situation absurde.

Un jour de pluie, Monsieur Bardin décida de sortir son parapluie avant de quitter la maison. Il ouvrit son placard, prit un parapluie noir, et s'élança dehors. Cependant, à peine était-il dans la rue qu'il remarqua que son parapluie était devenu rouge, et il était sûr qu'il avait pris le noir.

Il retourna chez lui, se grattant la tête, et réalisa qu'il avait emporté le parapluie rouge de son voisin par erreur. Il retourna chez son voisin, s'excusa et échangea les parapluies en riant de sa propre distraction.

Monsieur Bardin avait rendez-vous avec son ami Pierre au parc. Ils avaient convenu de se retrouver à 14 heures précises. Monsieur Bardin arriva en avance et attendit patiemment sur un banc.

Quand l'heure fatidique arriva, il commença à s'impatienter. Pierre n'était toujours pas là. Il sortit son téléphone et appela Pierre, furieux de son retard. C'est alors qu'il entendit la sonnerie de son téléphone dans sa poche.

Il réalisa avec consternation qu'il avait appelé son propre numéro et qu'il était en train de râler contre lui-même. Pierre, qui arriva finalement, se moqua gentiment de cette méprise.

Un après-midi ensoleillé, Monsieur Bardin décida de se rendre au parc pour une promenade. Alors qu'il marchait tranquillement, il remarqua un petit chien en train de courir en cercles, apparemment égaré.

Monsieur Bardin s'approcha du chien et tenta de le calmer. Il regarda autour de lui pour voir si quelqu'un cherchait le chien, mais il ne vit personne. Il décida donc de ramener le chien chez lui en attendant de retrouver son propriétaire.

Mais une fois chez lui, il réalisa que le chien était en fait le sien ! Il avait oublié qu'il était sorti avec son chien et s'était inquiété en voyant son propre animal de compagnie égaré. Il ne put s'empêcher de rire de sa propre étourderie.

Ainsi était la vie de Monsieur Bardin, remplie de petits incidents comiques et de quiproquos hilarants. Il ne cessait jamais de nous rappeler que parfois, il vaut mieux rire de soi-même et de ses erreurs plutôt que de s'en préoccuper trop sérieusement.

The Misadventures of Mr. Bardin

Mr. Bardin was a perfectly ordinary man. He was neither particularly smart nor particularly clumsy, but he had the gift of finding himself in strange and comical situations. His life was a bit like a series of blunders and misunderstandings, and he had become the darling of his neighborhood.

One day, Mr. Bardin decided to ride his bike to the market. He put on his helmet, took his old bike from the garage, and set off on the road. Everything was going well until he reached a particularly bumpy stretch of road.

Suddenly, he heard the sound of a flat tire. He stopped, got off his bike, and inspected the rear wheel. He had indeed punctured it! Mr. Bardin began searching for his spare inner tube in his bag, but he realized with horror that he had left it at home.

So, what could he do? He had no choice but to push his bike to the market, passing by amused onlookers who laughed at his misfortune.

Another day, Mr. Bardin decided to visit his favorite café to enjoy a good coffee and a delicious pastry. He entered, greeted the usual waiter with a warm smile, and ordered a coffee.

The waiter, however, seemed confused. "A coffee?" he asked, incredulous. "But you already have a coffee in front of you!" Mr. Bardin looked at his table and realized that he had completely forgotten that he had already ordered a coffee and was drinking a second one.

He burst into laughter, as did the waiter, and the two men shared a good moment of hearty laughter over this absurd situation.

On a rainy day, Mr. Bardin decided to grab his umbrella before leaving the house. He opened his closet, took a black umbrella, and ventured outside. However, as soon as he was on the street, he noticed that his umbrella had turned red, and he was sure he had picked the black one.

He returned home, scratching his head, and realized that he had mistakenly taken his neighbor's red umbrella. He went to his neighbor's house, apologized, and exchanged umbrellas, all the while laughing at his own absentmindedness.

Mr. Bardin had a meeting with his friend Pierre at the park. They had agreed to meet at exactly 2 o'clock. Mr. Bardin arrived early and patiently waited on a bench.

When the appointed hour came, he began to grow impatient. Pierre was still nowhere to be seen. He took out his phone and called Pierre, furious at his lateness. That's when he heard the ringtone of his phone in his pocket.

He realized with consternation that he had called his own number and was complaining to himself about the delay. Pierre, who finally arrived, teased him gently about this mistake.

One sunny afternoon, Mr. Bardin decided to go to the park for a walk. As he strolled along, he noticed a small dog running in circles, apparently lost.

Mr. Bardin approached the dog and tried to calm it down. He looked around to see if anyone was looking for the dog, but he saw no one. So, he decided to take the dog home while waiting to find its owner.

But once he was home, he realized that the dog was actually his! He had forgotten that he had gone out with his dog and had become concerned upon seeing his own pet apparently lost. He couldn't help but laugh at his own absentmindedness.

Such was the life of Mr. Bardin, filled with small comical incidents and hilarious misunderstandings. He never ceased to remind us that sometimes, it's better to laugh at oneself and one's mistakes rather than taking them too seriously.

La Quête de la Recette Perdue

Dans le petit village de Saint-Pierre-aux-Choux, il y avait une vieille auberge connue pour sa cuisine exceptionnelle. Le chef cuisinier, Madame Martin, était réputée pour sa recette secrète de la soupe aux choux. Chaque année, lors du festival gastronomique du village, sa soupe remportait le premier prix.

Cependant, un jour tragique, le pire arriva. La recette de la soupe aux choux, jalousement gardée depuis des générations, disparut mystérieusement. Madame Martin était dévastée. Elle avait hérité de cette précieuse recette de sa grand-mère, et sa réputation en dépendait.

Un jeune homme nommé Luc, passionné par la cuisine depuis son plus jeune âge, travaillait comme apprenti à l'auberge de Madame Martin. Il avait toujours admiré son talent et rêvait de devenir un grand chef lui-même.

Lorsqu'il apprit la nouvelle de la disparition de la recette de la soupe aux choux, Luc fut déterminé à aider Madame Martin à la retrouver. Il se proposa de mener une enquête pour découvrir ce qui était arrivé à la précieuse recette.

Luc commença sa quête en interrogeant les habitants du village. Il écouta les rumeurs et les histoires, espérant trouver des indices sur la recette perdue. Certains disaient avoir vu des ombres suspectes près de l'auberge la nuit où la recette avait disparu.

Luc fouilla la cuisine de l'auberge, mais il ne trouva rien d'anormal. Il continua à interroger les gens et à creuser plus profondément dans le mystère.

Au fil de ses recherches, Luc commença à avoir des soupçons sur certaines personnes du village. Il remarqua que le concurrent de Madame Martin, le chef de l'auberge voisine, avait récemment modifié sa propre soupe aux choux pour qu'elle ressemble étrangement à celle de Madame Martin.

Luc décida de confronter le chef rival, mais ce dernier nia toute implication dans la disparition de la recette. Il prétendit avoir découvert la recette par hasard et avait simplement décidé de l'améliorer.

Luc n'était pas convaincu, mais il n'avait aucune preuve concrète pour accuser le chef rival. Il décida de poursuivre son enquête.

Un soir, alors qu'il fouillait le grenier de l'auberge à la recherche de vieux documents, Luc fit une découverte étonnante. Il trouva un vieux cahier de recettes poussiéreux qui semblait avoir été caché depuis des années.

Lorsqu'il ouvrit le cahier, il fut émerveillé de découvrir les pages jaunies remplies de recettes familiales, y compris celle de la soupe aux choux de Madame Martin. Il comprit alors que quelqu'un, peut-être un membre de la famille de Madame Martin, avait caché le cahier pour garder la recette secrète pour lui-même.

Luc apporta le cahier à Madame Martin, qui fut émue aux larmes de retrouver sa précieuse recette. Elle remercia chaleureusement Luc pour sa détermination et son dévouement.

Avec la recette retrouvée, Madame Martin prépara une soupe aux choux pour le festival gastronomique du village. Les habitants étaient impatients de goûter à nouveau à la délicieuse création de Madame Martin.

Lorsque le moment du concours arriva, la soupe aux choux de Madame Martin remporta à nouveau le premier prix. Le village tout entier célébra la victoire, et Madame Martin remercia Luc d'avoir ramené sa recette bien-aimée.

Luc réalisa son rêve de devenir un grand chef, et il continua à travailler aux côtés de Madame Martin, perpétuant la tradition culinaire de l'auberge.

Ainsi se termina l'histoire de la quête de la recette perdue, où un jeune apprenti déterminé avait ramené la joie et la gloire à l'auberge de Saint-Pierre-aux-Choux.

The Quest for the Lost Recipe

In the small village of Saint-Pierre-aux-Choux, there was an old inn known for its exceptional cuisine. The head chef, Madame Martin, was renowned for her secret recipe for cabbage soup. Every year, during the village's gastronomic festival, her soup won the first prize.

However, on one tragic day, the worst happened. The closely guarded recipe for the cabbage soup, passed down through generations, mysteriously disappeared. Madame Martin was devastated. She had inherited this precious recipe from her grandmother, and her reputation depended on it.

A young man named Luc, passionate about cooking from a young age, worked as an apprentice at Madame Martin's inn. He had always admired her talent and dreamed of becoming a great chef himself.

When he heard the news of the disappearance of the cabbage soup recipe, Luc was determined to help Madame Martin find it. He offered to investigate and discover what had happened to the precious recipe.

Luc began his quest by questioning the villagers. He listened to rumors and stories, hoping to find clues about the lost recipe. Some claimed to have seen suspicious shadows near the inn on the night when the recipe had vanished.

Luc searched the inn's kitchen but found nothing amiss. He continued to question people and dig deeper into the mystery.

As he conducted his research, Luc began to have suspicions about certain people in the village. He noticed that Madame Martin's competitor, the chef of the neighboring inn, had recently modified his own cabbage soup to closely resemble Madame Martin's.

Luc decided to confront the rival chef, but the latter denied any involvement in the disappearance of the recipe. He claimed to have stumbled upon the recipe by chance and had simply decided to improve it.

Luc wasn't convinced, but he had no concrete evidence to accuse the rival chef. He decided to press on with his investigation.

One evening, while searching the attic of the inn for old documents, Luc made an astonishing discovery. He found a dusty old recipe book that appeared to have been hidden away for years.

When he opened the book, he was thrilled to find its yellowed pages filled with family recipes, including Madame Martin's cabbage soup. It became clear to him that someone, perhaps a member of Madame Martin's family, had hidden the book to keep the recipe secret.

Luc brought the recipe book to Madame Martin, who was moved to tears upon recovering her beloved recipe. She warmly thanked Luc for his determination and dedication.

With the recovered recipe, Madame Martin prepared a batch of cabbage soup for the village's gastronomic festival. The villagers eagerly anticipated tasting Madame Martin's delicious creation once more.

When the time for the competition came, Madame Martin's cabbage soup once again won the first prize. The entire village celebrated the victory, and Madame Martin thanked Luc for bringing back her beloved recipe.

Luc realized his dream of becoming a great chef, and he continued to work alongside Madame Martin, perpetuating the culinary tradition of the inn.

Thus ended the story of the quest for the lost recipe, where a determined young apprentice brought joy and glory back to the inn of Saint-Pierre-aux-Choux.

La Chasse au Trésor à Montmartre

À Montmartre, un quartier pittoresque de Paris, vivait un groupe d'amis inséparables : Léa, Antoine, Sophie et Pierre. Ils étaient tous passionnés par les mystères et les énigmes, et ils adoraient explorer les rues sinueuses de Montmartre à la recherche d'aventures.

Un jour d'été, alors qu'ils se promenaient près de la basilique du Sacré-Cœur, ils découvrirent une vieille carte au trésor cachée dans une fissure de la pierre. La carte indiquait un trésor mystérieux enfoui quelque part dans Montmartre, et les amis décidèrent de se lancer dans une chasse au trésor palpitante.

La carte au trésor comportait des indices codés et des énigmes à résoudre. Les amis passèrent des heures à décrypter les messages secrets, à reconstituer des cartes et à rassembler des indices dispersés dans tout Montmartre.

Ils apprirent que le trésor était lié à l'histoire fascinante du quartier, à ses artistes célèbres, et à ses légendes secrètes. Chaque nouvel indice les rapprochait un peu plus de la découverte du trésor caché.

La chasse au trésor ne fut pas sans embûches. Les amis durent résoudre des énigmes complexes, gravir des collines escarpées, et explorer des passages souterrains oubliés. Ils rencontrèrent également des personnages excentriques et énigmatiques, dont un artiste de rue qui leur donna un indice crucial sous forme de poème.

Pendant leur quête, les amis se découvrirent des talents cachés. Léa se révéla être une experte en décryptage de codes, Antoine excellait dans la résolution d'énigmes historiques, Sophie était douée pour la navigation et la cartographie, et Pierre se montra courageux et déterminé.

Après des semaines d'efforts acharnés, les amis rassemblèrent tous les indices et résolurent la dernière énigme. Ils se retrouvèrent dans un petit parc caché de Montmartre, où ils découvrirent un coffre ancien enterré sous un arbre centenaire.

Le coffre contenait une collection de trésors fascinants, dont des pièces anciennes, des lettres d'amour datant du 19e siècle, et un tableau mystérieux réalisé par un artiste inconnu. Mais le plus précieux de tous les trésors était l'amitié indéfectible des quatre amis, renforcée par cette incroyable aventure.

La chasse au trésor à Montmartre avait pris fin, mais l'amitié des quatre amis perdura. Ils partagèrent leurs souvenirs de cette aventure extraordinaire et se jurèrent de continuer à explorer les mystères du monde ensemble.

Montmartre, avec ses rues pavées, ses artistes de rue et ses cafés pittoresques, devint leur lieu de rendez-vous préféré pour se remémorer leurs exploits. Ils savaient que même sans un trésor matériel, leur amitié était le plus grand trésor qu'ils aient jamais découvert.

Ainsi se termina l'histoire de la chasse au trésor à Montmartre, une aventure qui avait renforcé les liens d'amitié entre quatre amis passionnés de mystère et d'aventure. Et chaque fois qu'ils retournaient à Montmartre, ils savaient que de nouvelles énigmes les attendaient, prêtes à être résolues par leur esprit curieux et leur amitié indéfectible.

The Treasure Hunt in Montmartre

In Montmartre, a picturesque neighborhood in Paris, lived a close-knit group of friends: Léa, Antoine, Sophie, and Pierre. They were all passionate about mysteries and puzzles, and they loved exploring the winding streets of Montmartre in search of adventures.

One summer day, while strolling near the Basilica of the Sacré-Cœur, they stumbled upon an old treasure map hidden in a crack in the stone. The map indicated a mysterious treasure buried somewhere in Montmartre, and the friends decided to embark on an exciting treasure hunt.

The treasure map featured coded clues and riddles to solve. The friends spent hours deciphering secret messages, piecing together maps, and gathering clues scattered throughout Montmartre.

They learned that the treasure was tied to the fascinating history of the neighborhood, its famous artists, and its secret legends. Each new clue brought them one step closer to uncovering the hidden treasure.

The treasure hunt was not without its challenges. The friends had to solve intricate puzzles, climb steep hills, and explore forgotten underground passages. They also encountered eccentric and enigmatic characters, including a street artist who provided them with a crucial clue in the form of a poem.

During their quest, the friends discovered hidden talents. Léa proved to be an expert at codebreaking, Antoine excelled at solving historical riddles, Sophie was skilled in navigation and cartography, and Pierre demonstrated courage and determination.

After weeks of determined effort, the friends assembled all the clues and solved the final riddle. They found themselves in a hidden park in Montmartre, where they unearthed an ancient chest buried beneath a centuries-old tree.

The chest contained a collection of fascinating treasures, including old coins, love letters dating back to the 19th century, and a mysterious painting by an unknown artist. But the most precious treasure of all was the unwavering friendship of the four friends, strengthened by this incredible adventure.

The treasure hunt in Montmartre had come to an end, but the friendship of the four friends endured. They shared memories of their extraordinary adventure and pledged to continue exploring the mysteries of the world together.

Montmartre, with its cobblestone streets, street artists, and charming cafés, became their favorite meeting place to reminisce about their exploits. They knew that even without material treasure, their friendship was the greatest treasure they had ever discovered.

Thus ended the story of the treasure hunt in Montmartre, an adventure that had strengthened the bonds of friendship among four friends passionate about mystery and adventure. And every time they returned to Montmartre, they knew that new puzzles awaited them, ready to be solved by their curious minds and unwavering friendship.

www.ingramcontent.com/pod-product-compliance
Lightning Source LLC
Chambersburg PA
CBHW052232150726
48002CB00003B/1389